EINFACH GUT

Ines Teitge (Hrsg.)

Fritieren

FALKEN

Inhalt

Zu diesem Buch

Kochmethoden mit Tradition – immer wieder finden sie ihren Platz in der modernen jungen Küche und werden dem Trend entsprechend auf den aktuellsten Stand gebracht. Zu ihnen zählt auch das Fritieren, wobei pikante und süße Leckerbissen im heißen Fett schwimmend ausgebacken werden.
Diese Garmethode ist uralter chinesischer Herkunft und wird auch im heutigen China noch mit großer Begeisterung gepflegt.
Man kann das ganze Jahr über fritieren. Die kalten, langen Wintermonate sind eine prima Gelegenheit, sich mit Freunden zum gemütlichen Beisammensein zu treffen und gemeinsam heiße Köstlichkeiten zu genießen. Doch auch im Sommer sollte man ruhig mal zur Friteuse greifen. Denn dann ist die Auswahl an frischem, knackigem Gemüse besonders groß.
Feuchte Lebensmittel gelingen am besten, wenn sie vor dem Fritieren paniert werden. Als kleiner Merksatz gilt: Je kleiner die zu fritierenden Teile, desto höher die Fettemperatur und umgekehrt.
Damit alles gut gelingt, sind zu jedem Rezept die Zubereitungszeiten angegeben. Beilagen und Saucen finden Sie in einem kleinen Extrakapitel.
In der Regel ist die **Menge jeweils für 2 Personen** berechnet. Bei Ausnahmen, zum Beispiel im Kapitel »Süße Leckereien«, steht die Zahl der Portionen im Rezeptkopf.
Kalorienangabe pro Portion und Zeitaufwand sind zu jedem Rezept vermerkt, wobei die Zubereitungszeit Vorbereitungs- und Garzeiten umfaßt.
schnell = Zubereitungszeit bis zu 1/2 Stunde
braucht Zeit = Zubereitungszeit 1/2 bis 1 1/2 Stunden
zeitintensiv = Zubereitungszeit mehr als 1 1/2 Stunden.
In der Zubereitungsanweisung wird vorausgesetzt, daß Obst, Gemüse und Kräuter gewaschen und geputzt sind, so daß diese Arbeitsgänge nicht mehr erwähnt werden.
Lassen Sie sich von den Rezeptideen inspirieren und zum knusprigen Fritiervergnügen einladen.
Wer selbst eher mit Grausen an zurückliegende Fritiererlebnisse zurückdenkt, bei denen das gesamte Inventar noch wochenlang nach Pommes frites roch, sei beruhigt: Durch den Einsatz neuer Fritiergeräte läßt sich Fritiergeruch wirkungsvoll verhindern! Fisch, Fleisch, Geflügel, Kartoffeln, paniertes Obst und Gemüse, Käse und Kleingebäck lassen sich so mit uneingeschränktem Vergnügen garen.

Abkürzungen:

EL = Eßlöffel (gestrichen)
TL = Teelöffel (gestrichen)
Msp. = Messerspitze
l = Liter
ml = Milliliter
kg = Kilogramm
g = Gramm
kcal = Kilokalorien
ca. = circa
Min. = Minute(n)
Std. = Stunde(n)

Die **Kalorienangaben** beziehen sich immer auf **1 Portion.** Alle Gerichte sind für **2 Portionen** berechnet.

Die Kunst des Fritierens – keine Kunst mehr

Hätten Sie gedacht, daß das Fritieren zu den »trockenen Garverfahren« zählt, obwohl doch die schmackhaften Häppchen frei schwimmend ausgebacken werden? Das liegt ganz einfach daran, daß das Fett, das die Hitze überträgt, zwar flüssig, aber wasserfrei ist. Die äußeren Schichten des Garguts trocknen beim Fritiervorgang aus und bräunen; es entsteht ein aromatischer Knuspermantel.

Fleisch, Gemüse, Kartoffeln usw. lassen sich am besten in kleinen Portionen fritieren. Denn beim Einsetzen des Fritierkorbes sinkt die Temperatur des Fettes nur kurzfristig ab und erreicht schnell wieder ihren Ausgangswert. Garzeiten von 10 bis 15 Minuten werden selten überschritten, so daß das Fritieren durchaus in die Kategorie »schnelle Küche« einzuordnen ist.

Angst vor Kalorienbomben brauchen Sie nicht zu haben. Wenn das Fett heiß genug ist, schließen sich die Poren des Lebensmittels beim Eintauchen rasch, Eiweißstoffe bilden eine schützende Kruste und verhindern so, daß zuviel Fett eindringt. Läßt man die Leckerbissen dann auch noch gut abtropfen – Küchenkrepp ist dazu gut geeignet – verringert sich die Fettmenge nochmals.

Zum Fritieren eignen sich grundsätzlich alle Töpfe aus Edelstahl oder Gußeisen, die einen ausreichend hohen Rand, einen großen Durchmesser und einen fest schließenden Deckel haben. Dabei sollte das Fett nicht höher als bis zur Hälfte der Topfhöhe reichen, damit es beim Erhitzen nicht spritzt oder gar überschäumt. Schaumkelle und Fritierkorb sind dabei unentbehrliches Handwerkszeug.

Wesentlich einfacher ist ohne Frage der Einsatz einer elektrischen Friteuse. Auf Komfort, Sicherheit und Energiebewußtsein wurde in den letzten Jahren bei der Produktentwicklung zunehmend großer Wert gelegt. Vor allem gesundheitliche Aspekte nahmen dabei eine zentrale Stellung ein.

Neue Fritiergeräte – wie zum Beispiel die TEFAL-UNIVERSALIS-Friteusen – verfügen über Aktivkohlefilter, die keinen Fritiergeruch nach außen dringen lassen. Auch lästige Fettspritzer haben keine Chance mehr: Bei den genannten TEFAL-Geräten wird der Fritierkorb bei geschlossenem Deckel ins heiße Fett gesenkt und wieder herausgehoben.

Zum Fritieren sollte man nur reine, gehärtete Pflanzenfette verwenden, die beim Erhitzen stabil bleiben. Tierische Fette (z. B. Schmalz oder Nierenfett) oder Öl verändern bei starkem Erhitzen rasch ihre Zusammensetzung. Auf diese sollte aus gesundheitlichen Gründen verzichtet werden.

Einmal benutztes Fett kann gereinigt wiederverwendet werden. Es muß nach dem Erhitzen aber auf jeden Fall von Fritiergutrückständen (z. B. Panadenresten) befreit werden. Sehr gut funktioniert das, indem Sie es im lauwarmen Zustand durch einen Filter (gibt es in runder und rechteckiger Form z. B. von der Firma TEFAL) oder durch ein mit Küchenkrepp ausgelegtes Sieb gießen. Mit der neuen TEFAL-UNIVERSALIS-Friteuse, die einen herausnehmbaren Fritierbehälter hat, ist das Filtern des Fritierfettes ganz einfach. Bei diesen Modellen entfällt das umständliche Kippen des ganzen Gerätes. Der Fettbehälter läßt sich nach dem Leeren einfach per Hand oder in der Spülmaschine reinigen.

Das Fett kann nach dem Fritieren einige Male wiederverwendet werden, wenn es nach jedem Erhitzen gereinigt wird. Auf diese Weise können Sie mit dem gleichen Fett etwa 8- bis 12mal fritieren.

Der Zeitpunkt, zu dem das Fritierfett gewechselt werden sollte, ist natürlich immer auch von den Nahrungsmitteln abhängig, die fritiert werden.

Wer mit einem normalen Topf fritiert, kann auf einfache Weise prüfen, ob die Fettemperatur richtig ist: Bilden sich kleine Luftblasen um einen in das Fett getauchten Kochlöffelstiel (aus Holz oder Kunststoff), hat das Fett die richtige Temperatur.

Man kann zur Probe auch ein kleines Weißbrotwürfelchen in das heiße Fett geben. Wird es sofort braun, ist die richtige Temperatur erreicht.

TEFAL-Friteusen z. B. verfügen über regelbare Thermostate, die die Fettemperatur konstant im eingestellten Bereich halten. Durch eine isolierte Thermowand bleibt die Hitze im Innenbereich der Friteuse – so geht keine Energie verloren, und man kann sich an der Außenwand des Gerätes nicht die Finger verbrennen. Die optimale Fritiertemperatur liegt bei fast allen Gerichten zwischen 150 °C und 190 °C.

In diesem Buch erwarten Sie nun Snacks und kleine Gerichte, Pfiffiges aus dem Gemüsegarten, Deftiges und Feines mit Fleisch und Fisch und süße Leckereien. Mit frischen, knackigen Salaten und delikaten Saucen und Dips serviert, finden die selbstfritierten Knusperbissen mit Sicherheit begeisterten Beifall bei Freunden und in der Familie.

Auch Freunde ausländischer Spezialitäten finden in den folgenden Rezepten zahlreiche Anregungen. »Tempura« ist zum Beispiel das japanische Zauberwort für alle mundgerecht zerteilten Häppchen aus Fleisch, Fisch, Meeresfrüchten oder Gemüse, die – von einem schmackhaften Ausbackteig umhüllt – im schwimmenden Fett gegart werden. Außerdem werden Sie in die italienische Welt des »Fritto Misto« eingeführt: Ursprünglich verstand man darunter allerlei im Teigmantel ausgebackene Meeresfrüchte. Heute erweitern auch Fleisch und Gemüse die bunte Mischung. Fritto Misto – ein heißer Tip, wenn Sie Ihren Gästen etwas Ausgefallenes bieten wollen.

SNACKS UND KLEINE GERICHTE

Mundgerechte, schmackhafte Häppchen sind in kurzer Zeit aus der Friteuse gefischt. Vom heißgeliebten fritierten Camembert über variantenreiche Spießchen bis hin zu knackigem Fritiergemüse: Eine knusprige Vielfalt lädt ein zum Knabbern.

Specklauch

- Zubereitungszeit: ca. 1/2 Std.
- ca. 190 kcal je Portion
- Dazu paßt Baguette

2 Stangen Lauch
100 g durchwachsener Räucherspeck in Scheiben

1. Den Lauch in 5 cm lange Stücke schneiden.

2. Mit je einer Speckscheibe umwickeln, mit Zahnstochern feststecken und die Lauchstücke ausbacken.
(auf dem Foto: links unten)

Grünkern-Plätzchen

- Zubereitungszeit: ca. ½ Std.
- ca. 320 kcal je Portion
- Dazu paßt ein bunter Salat

50 g durchwachsener Räucherspeck, fein geschnitten
1 TL Butter
1 gehackte Zwiebel
⅜ l Gemüsebrühe
100 g Grünkernschrot
2 EL gehackte Petersilie
2 EL gehackter Schnittlauch
2 Eier
Salz, frisch gemahlener Pfeffer
1 Prise Muskat
Semmelbrösel zum Binden

1. Den Speck in Butter auslassen. Die Zwiebel dazugeben, glasig schwitzen. Mit der Gemüsebrühe auffüllen. Den Grünkernschrot darunterrühren und 10 Minuten ausquellen lassen.

2. Vom Feuer nehmen, die Kräuter und die Eier darunterrühren, abschmecken und mit Semmelbröseln binden.

3. Aus der Masse kleine Plätzchen formen und im schwimmenden Fett ausbacken.
(auf dem Foto: rechts oben)

Variation:
Verwenden Sie doch einmal statt Grünkern-Vollkornschrot und statt Speck feingeraspelte Zucchini oder Karotten.

Gebackene Birnen

- Zubereitungszeit: 1/4 Std.
- ca. 390 kcal je Portion
- Dazu paßt ein Glas Prosecco

4 große Birnen
2 EL Zitronensaft
100 g Roquefortkäse
2 TL Sherry
Mehl, 1 verquirltes Ei
Semmelbrösel

1. Birnen schälen, halbieren, etwas aushöhlen und mit Zitronensaft beträufeln.

2. Den Käse mit Sherry glattrühren und in die Birnenhälften füllen. Die Ränder mit Mehl bestäuben und dann die Birnen wieder zusammensetzen.

3. Die Birnen erst in Mehl, dann in Ei und Semmelbröseln wenden.

4. Anschließend etwa 4 Minuten im 150 °C heißen Fett ausbacken.
(auf dem Foto: oben)

Sputnik

- Zubereitungszeit: ca. 1/4 Std.
- ca. 410 kcal je Portion
- Dazu paßt Weißbrot

2 Zwiebeln, 1 Knoblauchzehe
500 g gemischtes Hackfleisch
1 Ei, 2 Spritzer Tabasco
Salz, frisch gemahlener Pfeffer
Paprikapulver, Ketchup
Cornichons
Maiskölbchen
1/2 Pampelmuse

1. Die Zwiebeln und die Knoblauchzehe schälen und fein hacken.

2. Das Hackfleisch mit den Zwiebeln und der Knoblauchzehe, mit den Gewürzen und dem Ei gut mischen.

3. Aus der Fleischmasse kleine Bällchen formen und im 160 °C heißen Fett etwa 6 Minuten fritieren.

4. Die Fleischbällchen mit Cornichons und Maiskolben aufspießen und auf die Pampelmuse aufstecken.
(auf dem Foto: Mitte)

Goldbrauner Camembert

- Zubereitungszeit: ca. 10 Min.
- ca. 480 kcal je Portion
- Dazu paßt Baguette

4 feste Camemberthälften
Mehl, 2 Eier
60 g Semmelbrösel
einige Salatblätter
4 EL Preiselbeerkompott

1. Die Camemberthälften nacheinander in Mehl, Ei und Semmelbröseln wälzen, dann nochmals in Ei und Bröseln wenden.

2. Die Camemberthälften im 160 °C heißen Fett etwa 2 Minuten ausbacken.

3. Je eine Camemberthälfte mit 1 Eßlöffel Preiselbeerkompott auf einem Salatblatt anrichten.
(auf dem Foto: unten)

Tip:
Wenn Sie nicht auf die Kalorien achten müssen, sind französische Camemberts mit mindestens 50 % Fett in der Trockenmasse am besten.

SCHNELL · FEIN-HERB

Versteckte Würstchen

- Zubereitungszeit: ca. 1/4 Std.
- Zeit zum Gehen: ca. 1/2 Stunde
- ca. 880 kcal je Portion
- Dazu paßt ein knackiger Salat

200 g Weizenmehl
200 g Vollkornmehl
1 Päckchen Trockenhefe
1 TL Salz
1 TL Zucker
1 TL gemahlener Koriander
1 TL gemahlener Kardamom
1 EL zerlassene Butter
2 Eier
8 Bockwürstchen
4 EL Curryketchup
2 EL mittelscharfer Senf
2 EL Schnittlauchröllchen

1. Mehl mit Hefe, Gewürzen, Fett, 150 ml Wasser und den Eiern zu einem kompakten Teig verrühren. An einem warmen Ort zugedeckt 1/2 Stunde gehen lassen.

2. Den Teig in 8 Portionen teilen und auf einer bemehlten Arbeitsfläche dünn ausrollen.

3. Je 1 Würstchen daraufsetzen. Ketchup, Senf und Schnittlauch gut mischen. Die Würstchen damit bestreichen, in den Teig einrollen und im schwimmenden Fett goldbraun ausbacken.
(auf dem Foto oben)

Hackfleischbällchen

- Zubereitungszeit: ca. 1/4 Std.
- ca. 300 kcal je Portion
- Dazu paßt Baguette

1 Zwiebel
6–8 spanische Oliven
300 g Hackfleisch
1 Ei
Salz, frisch gemahlener Pfeffer
2–3 EL Semmelbrösel

1. Die Zwiebel fein schneiden. Die Oliven fein hacken.

2. Das Hackfleisch mit dem Ei, der Zwiebel, den Oliven, Salz, Pfeffer und den Semmelbröseln mischen und das Ganze zu einem pikanten Fleischteig verarbeiten.

3. Aus dem Teig walnußgroße Kugeln formen.

4. Die kleinen Fleischbällchen in 160 °C heißem Fett etwa 4 Minuten ausbacken.
(auf dem Foto unten)

Tip:
Stecken Sie die Bällchen doch einmal auf Spieße und servieren Sie verschiedene Dips dazu.

SCHNELL · HERZHAFT

Ei im Hackfleischnest

- Zubereitungszeit: ca. 1/4 Std.
- ca. 310 kcal je Portion
- Dazu paßt Spinat

1 Brötchen
500 g gemischtes Hackfleisch
1 großes Ei
2 hartgekochte Eier
Salz
frisch gemahlener Pfeffer

1. Das Brötchen in Wasser einweichen und anschließend gut ausdrücken.

2. Das Hackfleisch mit dem Brötchen, dem Ei und den Gewürzen zu einem pikanten Teig verarbeiten.

3. Die gekochten Eier schälen und mit dem Fleischteig umhüllen.

4. Die Eier im Hackfleischnest in 160 °C heißem Fett etwa 4 Minuten ausbacken.

5. Nach dem Ausbacken die Eier im Hackfleischnest aufschneiden.

Variation:
Heben Sie die Eigelbe mit einem kleinen Löffel vorsichtig aus den Eiweißen, mischen Sie die Eigelbe mit etwas Salz und Pfeffer sowie einem Spritzer Essig und 1 bis 2 Eßlöffeln Olivenöl zu einer geschmeidigen Paste. Füllen Sie diese in die Einester.

Schwalbennester

- Zubereitungszeit: ca. 1/4 Std.
- ca. 380 kcal je Portion
- Dazu passen ein frischer Salat, eine pikante Sauce und Salzkartoffeln

4 Kalbsschnitzel
Salz, Paprikapulver
4 Scheiben gekochter Schinken
4 hartgekochte Eier

1. Die Schnitzel flach klopfen und mit Salz und Paprika einreiben.

2. Auf jedes Schnitzel eine Scheibe Schinken legen. Die überstehenden Ränder abschneiden.

3. Die Eier schälen und in die Mitte der Schnitzel legen.

4. Die Kalbsschnitzel fest aufrollen und mit Baumwollgarn zusammenbinden.

5. Die Schwalbennester in 180 °C heißem Fett 4 bis 5 Minuten ausbacken.

Käsespieße im Schlafrock

- Zubereitungszeit: ca. 1/2 Std.
- ca. 350 kcal je Portion
- Dazu paßt ein italienischer Weißwein

4 Scheiben Weißbrot
2 dicke Scheiben Emmentaler
8 Scheiben Salami
100 g Mehl
1 Ei
etwas Milch
Salz

1. Die Kruste vom Weißbrot abschneiden und das Brot in gleich große Quadrate schneiden.

2. Den Käse und die Wurst ebenfalls in Quadrate schneiden.

3. Auf Holzspieße abwechselnd Weißbrot-, Salami- und Käsestücke stecken.

4. Das Mehl mit dem Ei, der Milch und dem Salz zu einem glatten Teig verrühren.

5. Die Spieße in den Teig tauchen und in 160 °C heißem Fett etwa 3 Minuten ausbacken.
(auf dem Foto oben)

Bunte Bockwurstspieße

- Zubereitungszeit: ca. 1/2 Std.
- ca. 700 kcal je Portion
- Dazu passen Toast oder Baguette

4 Bockwürste
2 Gewürzgurken
2 Bananen
etwas Zitronensaft
4–8 Scheiben durchwachsener Speck

1. Die Würstchen und die Gurken in 1 cm dicke Scheiben schneiden.

2. Die Bananen in 1 cm dicke Scheiben schneiden und mit Zitronensaft beträufeln.

3. Wurst-, Gurken- und Bananenscheiben abwechselnd mit dem Speck auf Spieße stecken.

4. Die Spieße in 190 °C heißem Fett etwa 3 Minuten fritieren. Mit Paprika bestäuben.
(auf dem Foto unten)

Variation:

Verwenden Sie doch einmal für eine feine Variante Hühnerfleisch und Krabben statt der Bockwurst und lassen Sie die Gurken weg. Servieren Sie dazu eine leichte Currysauce.

Gefüllter Chicorée

- Zubereitungszeit: ca. 3/4 Std.
- ca. 670 kcal je Portion
- Dazu passen Vollkornbrötchen

Für die Panade:
1 1/2 Tassen Mehl
2 Eier
1 1/2 Tassen Semmelbrösel
Aromazutaten (geriebener Käse, Kräuter, Gewürze)

Für den Chicorée:
4 mittelgroße Chicoréestauden
4 Scheiben gekochter Schinken
4 Scheiben Gouda

1. Die Zutaten für die Panade bereitstellen.

2. Die Chicoréestauden halbieren, den Strunk herausschneiden, mit je einer Scheibe Schinken und einer Scheibe Gouda füllen und mit Zahnstochern zusammenstecken.

3. Die Eier mit etwas Wasser, die Semmelbrösel mit den Aromazutaten mischen. Den Chicorée nacheinander in Mehl, den Eiern und den Semmelbröseln wenden und im schwimmenden Fett goldgelb ausbacken.
(auf dem Foto: oben)

Karottenkrustl

- Zubereitungszeit: ca. 3/4 Std.
- ca. 220 kcal je Portion
- Dazu paßt ein Joghurtdip

400 g Karotten, geraspelt
3 Eier, 3–4 EL Mehl
1/2 Bund Kerbel, gehackt
Salz, frisch gemahlener Pfeffer
1 Prise Muskat
1 Prise Zucker

1. Die Zutaten zu einem kompakten Teig verarbeiten.

2. Kräftig abschmecken, mit einem Eßlöffel Klößchen abstechen und ausbacken.
(auf dem Foto: Mitte)

Gebackene Champignons

- Zubereitungszeit: ca. 3/4 Std.
- ca. 320 kcal je Portion
- Dazu paßt Remouladensauce

Für den Bierteig:
200 g Mehl
1 Prise Salz
1/4 l Bier
2 Eigelb
1 EL Öl
2 Eiweiß

250 g frische Champignons

1. Für den Bierteig das Mehl mit dem Salz, dem Bier, den Eigelben und dem Öl zu einem glatten Teig verrühren.

2. Die Eiweiße sehr steif schlagen und vorsichtig unter den Teig heben.

3. Die Champignons trockentupfen und durch den Teig ziehen, im schwimmenden Fett ausbacken.
(auf dem Foto: unten)

Variation:
Anstelle von Bier können Sie bei der Teigzubereitung auch Wein, Gemüsebrühe oder Milch verwenden.

BRAUCHT ZEIT · KLASSISCH

Krabbenkugeln

- Zubereitungszeit: ca. 1 Std.
- Ruhezeit: ca. 1/2 Std.
- ca. 650 kcal je Portion
- Dazu paßt Remouladen- oder Cocktailsauce

250 g Mehl
100 g Margarine
2 Eigelb
2–3 EL Sahne
Salz
1 Packung TK-Krabben
Zitronensaft

1. Aus Mehl, Margarine, Eigelben, Sahne und Salz einen Mürbeteig herstellen.

2. Den Teig zugedeckt 1/2 Stunde ruhen lassen. Inzwischen die Krabben auftauen lassen und mit Zitronensaft beträufeln.

3. Aus dem Teig Rollen formen und davon etwa 2 cm lange Stücke abschneiden. In jedes Teigstück eine Krabbe stecken und kleine Kugeln formen.

4. Die Krabbenkugeln in 150 °C heißem Fett etwa 4 Minuten goldgelb ausbacken.

Tip:
Stecken Sie die Krabbenkugeln auf Spießchen, und richten Sie sie auf einem Salatbett an.

Fritierte Riesengarnelen auf Avocadohälften

- Zubereitungszeit: ca. 1 Std.
- ca. 540 kcal je Portion
- Dazu paßt Baguette

10 Riesengarnelen
2 Eier
150 g Mehl
$^{1}/_{8}$ l Weißwein
$1^{1}/_{2}$ EL Zitronensaft
1 TL Salz
ein Spritzer Pfeffersauce
2 Avocados
1 EL gehackte Kräuter
Salz, frisch gemahlener Pfeffer

1. Die Garnelen mit kochendem Wasser überbrühen und die Schale ablösen.

2. Aus den Eiern, dem Mehl, Wein, Zitronensaft und der Pfeffersauce einen glatten Teig herstellen. Die Garnelen durch den Teig ziehen.

3. Im 160 °C heißen Fett etwa 4 Minuten ausbacken. Die Garnelen zum Abtropfen auf Küchenkrepp legen.

4. Die Avocados halbieren, den Kern und das Fruchtfleisch herauslösen. Das Avocadofleisch mit den Kräutern, 1 Eßlöffel Zitronensaft, Salz und Pfeffer mischen.

5. Diese Creme in einen Spritzbeutel füllen, in die Avocadohälften spritzen und die Garnelen darauf anrichten.

Chinesische Taschen

Zubereitungszeit: ca. 1 Std.

ca. 750 kcal je Portion

Dazu paßt Maissalat mit Bohnen und Gurken
(Rezept S. 49)

Für den Teig:
400 g Mehl
1 Prise Salz, 2 Eier
2 EL Olivenöl

Für die Füllung:
400 g Hähnchenbrust, gewürfelt
2 EL Olivenöl
6 Frühlingszwiebeln in Streifen
200 g Sojabohnenkeimlinge
200 g Champignons aus der Dose, in Scheiben
4 EL Tomatenketchup
2 EL Honig
4 EL Obstessig
Salz
frisch gemahlener Pfeffer
2 EL Schnittlauchröllchen

1. Mehl, Salz, Eier, 75 ml Wasser und Öl zu einem kompakten Teig verarbeiten und auf einer bemehlten Arbeitsfläche hauchdünn ausrollen. In beliebig große Quadrate schneiden.

2. Hähnchenfleisch in Öl kurz anbraten, Gemüse und Pilze dazugeben und mitschwitzen. Ketchup, Honig und Essig darunterrühren.

3. Gewürze und Schnittlauch dazugeben und die Füllung auf die Teigquadrate verteilen.

4. Die Taschen zu Dreiecken zusammenklappen und im schwimmenden Fett goldgelb ausbacken.
(auf dem Foto oben)

Frühlingsrollen mit Gemüsefüllung

Zubereitungszeit: ca. 1 Std.

Ruhezeit: ca. 1/2 Std.

ca. 330 kcal je Portion

Dazu paßt Tomatensalat

Für den Eiernudelteig:
150 g Weizenmehl
1 Prise Salz
1 kleines Ei
1 TL Sesamöl

Für die Füllung:
4 Frühlingszwiebeln
50 g Bambussprossen
200 g Sojabohnenkeimlinge
150 g Karotten
2 EL Sesamöl
2 EL Sojasauce
Salz, 1/2 TL Zucker
1 Msp. gemahlener Kümmel
1 Msp. Anis

1. Die Teigzutaten mit 150 ml Wasser zu einem geschmeidigen Eiernudelteig verarbeiten. Diesen ganz langsam möglichst dünn ausrollen und 1/2 Stunde kalt stellen.

2. Die Frühlingszwiebeln und die Bambussprossen in dünne Streifen schneiden, mit den Keimlingen in Öl kurz anschwitzen, die Karotten fein raspeln und dazugeben.

3. Die Sojasauce darunterrühren, das Ganze mit den Gewürzen abschmecken. Die Masse vom Feuer nehmen und erkalten lassen.

4. Aus dem Teig Rechtecke schneiden, das Gemüse darauf verteilen und die Teigrechtecke zusammenrollen. Im schwimmenden Fett etwa 1/4 Stunde langsam ausbacken.
(auf dem Foto unten)

BRAUCHT ZEIT · FERNÖSTLICH

BRAUCHT ZEIT · KNUSPRIG

PFIFFIGES AUS DEM GEMÜSE-GARTEN

Junges Gemüse bleibt durch die kurze Garzeit beim Fritiervorgang knackig in Biß und natürlich in der Farbe. Und auch alle Fans der goldenen Knolle kommen mit Chips und Frites in diesem Kapitel auf ihre Kosten.

Gebackene Auberginen mit Tomaten

- Zubereitungszeit: ca. 1 Std.
- ca. 390 kcal je Portion
- Dazu paßt Knoblauchbaguette

3 Auberginen
Salz
Zitronensaft
125 g Mehl
1/2 TL Backpulver
1 Ei
1/8 l Milch
500 g Tomaten
2 Zwiebeln
1 Paprikaschote
2 EL Essig
3 EL Öl
Salz
frisch gemahlener Pfeffer

1. Die Auberginen in etwa 1 cm dicke Scheiben schneiden, mit Salz bestreuen und mit Zitronensaft beträufeln.

2. Mehl mit Backpulver, Salz, dem Ei und der Milch zu einem geschmeidigen Ausbackteig verquirlen.

3. Die Auberginenscheiben unter fließendem Wasser abspülen, trockentupfen und durch den Teig ziehen.

4. Die Auberginenscheiben im 160 °C heißen Fett 4 bis 6 Minuten goldbraun backen.

5. Die Tomaten in Scheiben, die Zwiebeln in feine Ringe schneiden.

6. Die Paprikaschote halbieren, entkernen und würfeln.

7. Essig, Öl, Salz und Pfeffer gut mischen. Das Gemüse mit der Marinade übergießen und mit den Auberginenscheiben servieren.

BRAUCHT ZEIT
KNUSPRIG

Austernpilze mit Kapernsauce

- Zubereitungszeit: ca. 1 Std.
- ca. 710 kcal je Portion
- Dazu paßt ein Glas Pinot Grigio

600 g Austernpilze, 200 g Mehl
3 Eigelb. 1/4 l Milch
Salz, frisch gemahlener Pfeffer
2 Knoblauchzehen, zerdrückt
1 Eiweiß
Öl zum Ausbacken

Für die Kapernsauce:
400 g Crème fraîche
etwa 100 ml Milch
2 EL Kapernflüssigkeit
1 EL Zitronensaft
1 Prise Zucker
2 EL gehacktes Basilikum
2 Röhrchen Kapern

1. Die Austernpilze nur putzen, nicht waschen. Die Pilze in 4 Eßlöffeln Mehl wenden.

2. Das restliche Mehl mit den Eigelben und der Milch zu einem dickflüssigen Teig verrühren. Salz, Pfeffer und Knoblauch hinzufügen. Das Eiweiß steif schlagen und dann locker darunterheben.

3. Die Austernpilze portionsweise im heißen Öl goldbraun backen. Auf Küchenkrepp abtropfen lassen.

4. Für die Kapernsauce die Crème fraîche mit Milch, Kapernflüssigkeit und Zitronensaft glattrühren. Mit Salz, Pfeffer und Zucker abschmecken.

5. Das Basilikum mit den Kapern unter die Sauce rühren. Die Kapernsauce als Dip zu den warmen Austernpilzen servieren.
(auf dem Foto oben)

Schwarzwurzeln im Ausbackteig

- Zubereitungszeit: ca. 1 Std.
- ca. 380 kcal je Portion
- Passen zu kurzgebratenem Fleisch

1 kg Schwarzwurzeln
Essigwasser
Saft von 1/2 Zitrone
Salz, Mehl

Für den Teig:
2 Eier
150 g Mehl
1/8 l helles Bier
Salz, Zucker
1 EL Fett

1. Die Schwarzwurzeln in beliebige Stücke schneiden, sofort in Essigwasser legen.

2. Wasser mit Zitronensaft, Salz und etwa 1 Eßlöffel Mehl zum Kochen bringen und die Schwarzwurzeln hineingeben, etwa 1/2 Stunde garen.

3. Die Eier trennen. Aus dem Mehl, den Eigelben und dem Bier einen glatten Teig rühren, mit Salz und Zucker abschmecken.

4. Die Eiweiße steif schlagen und unter den Teig ziehen. Zuletzt das Fett zerlassen und darunterrühren.

5. Die gegarten Schwarzwurzeln trockentupfen, in Mehl wenden und dann in den Backteig tauchen. Portionsweise schwimmend in 180 °C heißem Fett etwa 4 Minuten ausbacken.
(auf dem Foto unten)

BRAUCHT ZEIT · FEIN

BRAUCHT ZEIT · FEIN-WÜRZIG

Ausgebackener Rosenkohl

- Zubereitungszeit: ca. ½ Std.
- ca. 370 kcal je Portion
- Paßt zu rohem Schinken, Spiegel- oder Rühreiern

750 g Rosenkohl
Salz
125 g Mehl
100–125 g Chester- oder Cheddarkäse, gerieben
1 Ei

1. Den Rosenkohl in Salzwasser fast gar kochen und gut abtropfen lassen.

2. Inzwischen aus Mehl, Salz, 30 g geriebenem Chesterkäse, Ei und ⅛ Liter Wasser einen dicken Pfannkuchenteig rühren.

3. Den Rosenkohl portionsweise in den Teig tauchen und im 160 °C heißen Fett etwa 5 Minuten ausbacken.

4. Mit einem Schaumlöffel aus dem Fritierkorb nehmen und warm stellen, bis alles Gemüse ausgebacken ist. Mit dem restlichen Käse bestreuen.

Gemüseplatte

- Zubereitungszeit: ca. 1 Std.
- ca. 250 kcal je Portion
- Dazu passen würzige Saucen und Dips

1 kleiner Blumenkohl
250 g Bohnen
2 Fenchelknollen
Salz
250 g Möhren
Mehl zum Wenden
1 Ei
Semmelbrösel

1. Den Blumenkohl in kleine Röschen teilen und in Salzwasser 5 Minuten garen.

2. Die Bohnen etwa 7 Minuten und den Fenchel etwa 1/4 Stunde in Salzwasser garen. Das Gemüse abtropfen lassen und mit Küchenkrepp trockentupfen.

3. Die Möhren in Stifte schneiden. Das Gemüse nacheinander im 150 °C heißen Fett fritieren. (Möhren 4 bis 6 Minuten, Blumenkohl und Bohnen etwa 2 Minuten)

4. Die Fenchelknollen halbieren, in Mehl, Ei und Semmelbröseln wenden und im Fett etwa 4 Minuten ausbacken.

5. Das ausgebackene Gemüse auf einer Platte dekorativ anrichten.

Pommes Gaufrettes

- Zubereitungszeit: ca. 3/4 Std.
- ca. 250 kcal je Portion
- Passen zu gegrilltem Steak

800 g mehlig kochende Kartoffeln
Salz

1. Die Kartoffeln schälen.

2. Mit einem Wellenmesser die Kartoffeln so schneiden, daß kleine Waffeln entstehen.

3. In nicht zu heißem Fett etwa 3 Minuten vorgaren, herausnehmen und abtropfen lassen.

4. Kurz vor dem Servieren in einem zweiten Fritiergang in sehr heißem Fett goldgelb backen, auf Küchenkrepp abtropfen lassen und mit Salz bestreuen.

Pommes Chips

- Zubereitungszeit: ca. 1/2 Std.
- ca. 250 kcal je Portion
- Passen zu Grillwürsten

800 g mehlig kochende Kartoffeln
Salz

1. Die Kartoffeln schälen.

2. In hauchdünne Scheibchen schneiden und nur einmal bei mäßiger Fettemperatur portionsweise etwa 3 Minuten ausbacken, auf Küchenkrepp abtropfen lassen und anschließend mit Salz bestreuen.

Pommes Pailles

- Zubereitungszeit: ca. 1/2 Std.
- ca. 220 kcal je Portion
- Passen zu Filetspießchen
  (Rezept S. 36)

800 g mehlig kochende Kartoffeln
Salz

1. Die Kartoffeln schälen und in strohhalmdicke Kartoffelstäbchen schneiden.

2. In nicht zu heißem Fett 3 bis 5 Minuten portionsweise ausbacken, herausnehmen und auf Küchenkrepp abtropfen lassen.

3. Kurz vor dem Servieren in einem zweiten Fritiervorgang in sehr heißem Fett goldgelb backen, auf Küchenkrepp abtropfen lassen und salzen.

Tip:
Es empfiehlt sich, die Kartoffelstäbchen nach der Hälfte der Backzeit für kurze Zeit aus dem Fett zu nehmen. Anschließend fertig fritieren. Mit einem Doppeldrahtlöffel können sie zu Kartoffelnestern ausgebacken werden.

SCHNELL · KROSS

Pommes frites

- Zubereitungszeit: ca. 1/2 Std.
- ca. 220 kcal je Portion
- Passen zu Putenschnitzel
  (Rezept S. 35)

800 g mehlig kochende Kartoffeln
Salz

1. Die Kartoffeln schälen und mit dem Kartoffelschneider zu Pommes frites schneiden.

2. Im nicht zu heißen Fett 8 bis 10 Minuten ausbacken, herausnehmen und auf Küchenkrepp abtropfen lassen.

3. Kurz vor dem Servieren in einem zweiten Fritiervorgang im sehr heißen Fett goldgelb backen, abtropfen lassen und mit Salz bestreuen.

Tip:
Es empfiehlt sich, die Pommes frites nach etwa der Hälfte der Backzeit kurz aus dem Fett zu nehmen. Anschließend fertig fritieren.

Kartoffelkroketten

- Zubereitungszeit: ca. 1 Std.
- ca. 380 kcal je Portion
- Passen zu Wild

Für den Teig:
1 kg mehlig kochende Kartoffeln
2 EL Kümmel, 2 Eigelb
4–5 EL Mehl
Salz, frisch gemahlener Pfeffer
Muskat

Für die Panade:
2 Eiweiß, Semmelbrösel

1. Die Kartoffeln mit dem Kümmel in Salzwasser garen. Anschließend schälen und durch eine Kartoffelpresse drücken.

2. Den Kartoffelteig mit den Eigelben, dem Mehl, dem Salz, dem Pfeffer und dem Muskat zu einer glatten Masse verarbeiten.

3. Aus dem Teig etwa 2 cm dicke Rollen formen und in 5 cm lange Stücke schneiden.

4. Die Kroketten in Eiweiß und Semmelbröseln wenden und in 190 °C heißem Fett 3 bis 4 Minuten ausbacken, herausnehmen und auf Küchenkrepp abtropfen lassen.
(auf dem Foto: oben)

Kartoffelplätzchen

- Zubereitungszeit: ca. 1 Std.
- ca. 500 kcal je Portion
- Passen zu Zigeunergulasch

60 g durchwachsener Speck
1 Zwiebel
1 EL Fett
1 Rezept Krokettenteig (nebenstehend)
1 EL feingehackte Petersilie
1 EL feingeschnittener Schnittlauch
Muskat

1. Den Speck und die Zwiebel fein würfeln, in wenig Fett anbraten und abkühlen lassen.

2. Den Krokettenteig herstellen und die Speck-Zwiebel-Mischung daruntermischen.

3. Falls Sie fertiges Krokettenpulver verwenden, die Speck-Zwiebel-Mischung mit den Kräutern und etwas Muskat in kaltes Wasser geben. Das Krokettenpulver hineinrühren und nach Packungsanweisung quellen lassen.

4. Aus dem Teig eine 4 bis 5 cm lange Rolle formen und 1 1/2 cm dicke Scheiben davon abschneiden.

5. Die Kartoffelplätzchen in 180 °C heißem Fett 3 bis 4 Minuten ausbacken.
(auf dem Foto: Mitte)

Fingernudeln

- Zubereitungszeit: ca. 1 Std.
- ca. 380 kcal je Portion
- Passen zu Sauerkraut und gekochtem Wammerl

1 Rezept Kartoffelkroketten (nebenstehend)

1. Den Krokettenteig nach Anweisung herstellen. Aus dem Kartoffelteig fingerdicke Rollen formen und in 5 bis 6 cm lange Stücke schneiden.

2. Die Enden etwas abflachen und die Fingernudeln in 180 °C heißem Fett 3 bis 4 Minuten schön goldgelb fritieren.
(auf dem Foto: unten)

SCHNELL · FEIN-WÜRZIG

SCHNELL · KNUSPRIG

DEFTIGES UND FEINES MIT FLEISCH UND FISCH

Würzig mariniert oder von einem köstlichen Backteig umhüllt — im schwimmenden Fett goldbraun ausgebacken, sind Fleisch, Fisch und Geflügel ein wahrer Genuß, mit frischen Salaten und farbenfrohen Dips und Saucen angerichtet, ein delikater Augenschmaus.

Schaschlik mit Champignons

- Zubereitungszeit: ca. 1/2 Std.
- 210 kcal je Portion
- Dazu passen Curryreis, scharfe Sauce und Salat

375 g Schweineschnitzel
2 mittelgroße Zwiebeln
2 Tomaten
1 Gewürzgurke
1 gekochte Möhre
1/2 Apfel
8 Champignons
Salz
Paprikapulver

1. Das Fleisch in mundgerechte Würfel schneiden. Die Zwiebeln und die Tomaten vierteln.

2. Die Gurke und die Möhre in dicke Scheiben schneiden, den Apfel in Stücke schneiden.

3. Die Champignons mit einem feuchten Tuch abwischen.

4. Alle Zutaten abwechselnd in bunter Folge auf Spieße stecken und im 190 °C heißen Fett etwa 3 Minuten ausbacken. Die Spieße auf Küchenkrepp abtropfen lassen, mit Salz und Paprika würzen und anrichten.
(auf dem Foto unten: links)

Hunnenspieße

- Zubereitungszeit: ca. 1/2 Std.
- ca. 250 kcal je Portion
- Dazu passen Kartoffelpüree und Balkangemüse

350 g Schweinefleisch
je 1 grüne und rote Paprikaschote
50 g durchwachsener Speck
2 rote Zwiebeln
Paprikapulver
frisch gemahlener Pfeffer

1. Das Fleisch in etwa 2 cm große, gleichmäßige Würfel schneiden.

2. Die Paprikaschoten halbieren, entkernen und in gleich große Stücke schneiden.

3. Den Speck in kleine Scheiben schneiden. Die Zwiebeln vierteln.

4. Alle Zutaten abwechselnd auf Schaschlikspieße stecken.

5. Die Spieße in 190 °C heißem Fett etwa 8 Minuten ausbacken. Auf Küchenkrepp abtropfen lassen, mit den Gewürzen bestäuben und anrichten.
(auf dem Foto unten: rechts)

Wiener Backhähnchen

- Zubereitungszeit: ca. 3/4 Std.
- ca. 660 kcal je Portion
- Dazu paßt Kartoffelsalat

2 Hähnchen
Salz, frisch gemahlener Pfeffer
Mehl
1–2 Eier, verschlagen
Semmelbrösel
1/2 TL Paprikapulver
1 Zitrone
1 Tomate
Petersilie

1. Die Hähnchen in je sechs Teile (Brüste, Flügel, Keulen) zerlegen und die Knochen möglichst auslösen.

2. Das Fleisch mit Salz und Pfeffer würzen und einige Minuten ziehen lassen.

3. Die Semmelbrösel mit Paprika mischen. Die Hähnchenteile in Mehl wenden, in Ei tauchen und mit den Semmelbröseln panieren. In 190 °C heißem Fett etwa 1/4 Stunde fritieren.

4. Die Hähnchenteile auf Küchenkrepp abtropfen lassen, mit Zitronensaft beträufeln. Die Tomate achteln und das Backhähnchen mit der Petersilie und den Tomatenachteln garnieren.

Putenschnitzel

- Zubereitungszeit: ca. ½ Std.
- ca. 500 kcal je Portion
- Dazu passen Pommes frites *(Rezept S. 29)* und Teufelssauce *(Rezept S. 50)*

4 Putenschnitzel
Kornschnaps
Mehl
1 Ei
Salz
Paprikapulver
Semmelbrösel

1. Die Putenschnitzel mit etwas Korn aromatisieren.

2. Das Ei mit wenig Salz verquirlen, die Semmelbrösel mit Paprika mischen.

3. Die Schnitzel in Mehl, Ei und Semmelbröseln wenden. Im 190 °C heißen Fett etwa 8 bis 10 Minuten fritieren.

Variation:

Anstelle der Putenschnitzel kann man auch ausgelöste Hähnchenbrüste verwenden.

Mailänder Schnitzel

- Zubereitungszeit: ca. 1/2 Std.
- ca. 440 kcal je Portion
- Dazu passen Spaghetti Napoli und Salat

4 Schweineschnitzel
Salz, frisch gemahlener Pfeffer
Paprikapulver
2 Eier
6 EL Parmesankäse
2 EL Mehl
etwas Milch
Muskat

1. Die Schweineschnitzel mit Salz, Pfeffer und Paprika würzen.

2. Aus Ei, Käse, Mehl, Milch, Salz, Pfeffer und Muskat einen Ausbackteig herstellen.

3. Die Schnitzel darin wenden und im 190 °C heißen Fett etwa 6 Minuten ausbacken.
(auf dem Foto: oben)

Mandelschnitzel

- Zubereitungszeit: ca. 1/2 Std.
- ca. 550 kcal je Portion
- Dazu paßt Zucchinigemüse

4 Schweineschnitzel
Salz, frisch gemahlener Pfeffer
Mehl, 1 Ei
80 g Mandelblättchen

1. Die Schnitzel salzen und pfeffern, in Mehl und Ei und Mandelblättchen wenden.

2. Die Panade fest andrücken. Die Mandelschnitzel in 190 °C heißem Fett etwa 7 Minuten ausbacken.
(auf dem Foto: Mitte)

Filetspießchen

- Zubereitungszeit: ca. 1/2 Std.
- ca. 580 kcal je Portion
- Dazu passen Pommes Pailles *(Rezept S. 29)*

600 g Schweinefilet
100 g Frühstücksspeck
8 Zwiebeln, halbiert
1 rote und 1 grüne Paprikaschote in groben Würfeln
1 Zucchini, in Scheiben
1 Aubergine, in Scheiben
Salz, frisch gemahlener Pfeffer

Für die Sauce:
150 g Joghurt
50 g Crème fraîche
1 EL mittelscharfer Senf
1 EL Johannisbeergelee
1 TL Curry, 1 Prise Cayennepfeffer
Saft von 1 Zitrone
je 2 EL gehackte Petersilie, Schnittlauch, Zitronenmelisse

1. Das Filet in mundgerechte Würfel schneiden und jeden Würfel in eine dünne Scheibe Frühstücksspeck wickeln.

2. Das Fleisch mit dem Gemüse abwechselnd auf Spieße stecken, alles salzen, pfeffern und im schwimmenden Fett 10 bis 15 Minuten ausbacken.

3. In der Zwischenzeit den Joghurt mit der Crème fraîche schaumig schlagen, würzen und zu den Spießchen servieren.
(auf dem Foto: unten)

BRAUCHT ZEIT · KNUSPRIG / FEIN-WÜRZIG

BRAUCHT ZEIT · HERZHAFT

Fritiertes Fischfilet mit Bananen

- Zubereitungszeit: ca. 1/4 Std.
- ca. 430 kcal je Portion

Dazu passen Butterreis und ein bunter Salat

750 g Fischfilet
Zitronensaft
Salz
Mehl
4 Bananen
1 Rezept Currysauce (Seite 51)

1. Die Fischfilets unter fließendem Wasser waschen, trockentupfen und mit Zitronensaft beträufeln, salzen und sorgfältig in Mehl wenden. Das nicht haftende Mehl abklopfen.

2. Die Filets in 160 °C heißem Fett etwa 4 Minuten ausbacken. Den Fisch herausnehmen, auf Küchenkrepp abtropfen lassen und warm stellen.

3. Die Bananen schälen, bei gleicher Temperatur etwa 2 Minuten fritieren und auf den Filets anrichten.

4. Die Sauce nach Anweisung zubereiten und über die angerichteten Fischfilets gießen.

Zitronenzander

- Zubereitungszeit: ca. 3/4 Std.
- ca. 500 kcal je Portion
- Dazu passen Salzkartoffeln, Béchamelsauce *(Rezept S. 51)* und grüner Salat

4 Zanderfilets à 200 g
Saft von 1 Zitrone
Salz
frisch gemahlener Pfeffer
100 g Mehl
1 Ei, verschlagen
100 g Semmelbrösel
1 EL abgeriebene Schale einer unbehandelten Zitrone
2 EL gehackte Zitronenmelisse
2 Zitronen

1. Die Zanderfilets unter fließendem Wasser abwaschen und trockentupfen.

2. Die Filets salzen, pfeffern, in Mehl und Ei wenden.

3. Die Semmelbrösel mit der Zitronenschale und der Zitronenmelisse mischen und die Zanderfilets damit panieren.

4. Die Zanderfilets im schwimmenden Fett 10 Minuten goldgelb backen. Herausnehmen und mit Zitronenscheiben garnieren.

Forelle im Teigmantel

Zubereitungszeit: ca. ¾ Std.

Zeit zum Durchziehen und Quellen: ca. ½ Std.

ca. 380 kcal je Portion

Dazu passen Kartoffelsalat und Mayonnaise *(Rezept S. 50)*

4 küchenfertige Forellen
Saft von 1 Zitrone
frisch gehackte gemischte Kräuter
Salz
frisch gemahlener Pfeffer
100 ml Bier
1 Prise Salz
1 EL Öl
150 g Mehl
2 Eiweiß

1. Die Forellen mit Zitrone beträufeln, mit den Kräutern einreiben, salzen, pfeffern und etwas durchziehen lassen.

2. Für den Teig Bier, 100 ml Wasser und Öl mischen und das Mehl mit dem Salz darunterrühren.

3. Den Teig quellen lassen. Die Eiweiße steif schlagen und unter den Teig heben. Die Forellen in den Teig tauchen und in 170 °C heißem Fett etwa 4 Minuten ausbacken, auf Küchenkrepp abtropfen lassen und anrichten.
(auf dem Foto oben)

Fischkoteletts im Kräutermantel

Zubereitungszeit: ca. ¾ Std.

Zeit zum Durchziehen: ca. ¼ Std.

ca. 460 kcal je Portion

Dazu paßt Chicoréesalat *(Rezept S. 48)*

4 flache Fischkoteletts
Essig
Worcestersauce
Salz
je 2 EL Dill und Schnittlauch
100 g Mehl
2 Eier

1. Die Fischkoteletts unter fließendem Wasser waschen, trockentupfen, mit Essig, Worcestersauce und Salz würzen und mit den Kräutern bestreuen.

2. Zugedeckt gut durchziehen lassen. Inzwischen aus 60 g Mehl, Eiern und etwas Salz einen glatten Teig rühren.

3. Die Fischkoteletts in dem restlichen Mehl wenden und durch den Ausbackteig ziehen.

4. Die Fischkoteletts in 160 °C heißem Fett etwa 8 Minuten ausbacken.
(auf dem Foto unten)

BRAUCHT ZEIT · FEIN-WÜRZIG

BRAUCHT ZEIT · WÜRZIG

Seezungen mit Trauben

- Zubereitungszeit: ca. 3/4 Std.
- ca. 290 kcal je Portion
- Dazu paßt Wildreis

4 Seezungenfilets
Zitronensaft
Salz
Mehl
375 g Weintrauben
40 g Schinkenspeck
20 g Butter
3 EL Cognac

1. Die Filets abziehen, unter fließendem Wasser waschen, trockentupfen, salzen und anschließend in Mehl wenden.

2. Von den Trauben die Schale abziehen.

3. Den Speck in Würfel schneiden.

4. Die Seezungen in 170 °C heißem Fett 4 bis 5 Minuten fritieren, auf Küchenkrepp abtropfen lassen und warm stellen.

5. Den Speck in Butter dünsten, die Weintrauben kurz anbraten, mit Cognac ablöschen und zugedeckt etwa 5 Minuten kochen lassen.

6. Die Seezungenfilets mit der Traubensauce anrichten.

Gebackener Thunfisch

- Zubereitungszeit: ca. 20 Min.
- ca. 670 kcal je Portion
- Dazu passen Salzkartoffeln, grüner Salat und Currysauce *(Rezept S. 51)*

800 g frischer Thunfisch
Saft von 2 Zitronen
1 Ei
2 EL Milch
1 Prise Pfeffer
1/2 TL Salz
Mehl
1 Zitrone
Petersilie

1. Den Fisch unter fließendem Wasser säubern, in etwa 1 cm dicke Scheiben schneiden, mit dem Zitronensaft beträufeln und etwas stehenlassen.

2. Das Ei mit der Milch verquirlen. Salz und Pfeffer hinzufügen.

3. Die Fischscheiben in die Ei-Milch-Mischung tauchen und anschließend in Mehl wenden.

4. Den Thunfisch in 180 °C heißem Fett etwa 5 Minuten ausbacken. Mit Zitronenscheiben und Petersilie anrichten

Fritto Misto

- Zubereitungszeit: ca. 1 Std.
- Marinierzeit: ca. 2 Std.
- ca. 770 kcal je Portion
- Dazu passen ein bunter Salat mit Vinaigrette und ein trockener Weißwein

4 Hummerkrabbenschwänze, geschält
200 g Tintenfischringe, gekocht
400 g Jakobsmuschelfleisch
8 küchenfertige Sardinen
Saft von 2 Zitronen
einige Tropfen Worcestersauce
Salz, frisch gemahlener Pfeffer
1 kleines Schweinefilet
2 EL Obstessig
2 EL Sojasauce
2 EL Honig
1 TL Thymian
4 mittelgroße Möhren
1 rote Paprikaschote, gewürfelt
1 Zucchini in Scheiben

Für den Teig:
300 g Mehl
2 Eier
3/8 l Gemüsebrühe
1 Prise Salz
2 EL Petersilie

1. Die Krabbenschwänze, die Tintenfischringe, die Jakobsmuscheln und die Sardinen in eine Schüssel geben, mit Zitronensaft und Worcestersauce beträufeln, salzen und pfeffern und mindestens 2 Stunden marinieren.

2. Das Schweinefilet in Scheiben schneiden. Den Obstessig mit der Sojasauce, dem Honig und dem Thymian verrühren, über die Filets geben und ebenfalls 2 Stunden marinieren.

3. Die Möhren schälen und mit dem übrigen Gemüse bereitstellen.

4. Aus Mehl, Eiern und der Brühe einen glatten Teig herstellen, mit Salz und Petersilie würzen.

5. Alle Zutaten sorgfältig durch den Teig ziehen und im schwimmenden Fett goldgelb ausbacken, herausnehmen und auf Küchenkrepp abtropfen lassen.

Variation:
Selbstverständlich können Sie auch jeden anderen Fisch von fester Konsistenz verwenden, wie z. B. Seeteufel oder Stockfisch. Versuchen Sie als Gemüse doch einmal Broccoliröschen, Fenchelstücke oder Auberginenscheiben.

SALATE, SAUCEN UND DIPS

Frische, knackige Salate und leckere Saucen und Dips – mild, pikant oder scharf – runden die fritierten Leckerbissen köstlich ab. Bei jedem Saucen- oder Diprezept findet sich ein Tip, zu welchem Fritiergericht es besonders gut paßt. Dabei sind der eigenen Kombinationsfreude natürlich keine Grenzen gesetzt.

Frühlingssalat

- Zubereitungszeit: ca. 20 Min.
- ca. 100 kcal je Portion
- Paßt zu Filetspießchen *(Rezept S. 36)*

2 Möhren
2 Kohlrabi
1 kleine Salatgurke
250 g Tomaten
einige Radieschen
1 kleine Zwiebel
150 g Joghurt
1 EL Öl
1 EL Essig
1 EL Tomatenketchup
etwas Salz
50 g Kresse

1. Die Möhren und Kohlrabi schälen und grob raspeln.

2. Die Gurke, die Tomaten und die Radieschen in Scheiben schneiden.

3. Die Zwiebel fein hacken. Aus den übrigen Zutaten eine Salatsauce herstellen und über die Salatzutaten gießen, alles gut mischen.

4. Einen Salatteller mit der Kresse auslegen und den angemachten Salat darauf anrichten.

Variation:
Dieser Salat schmeckt auch mit einer klassischen Vinaigrette, die Sie aus Salz, etwas Zucker, 1 Teelöffel scharfem Senf, 1 Eßlöffel Weinessig und 4 Eßlöffel Olivenöl rühren.

SCHNELL
FRISCH

Chicoréesalat

- Zubereitungszeit: ca. 1/4 Std.
- ca. 130 kcal je Portion
- Paßt zu Fischkoteletts im Kräutermantel *(Rezept S. 40)*

500 g Chicoréestauden
1 Banane
2 Äpfel
2 Orangen
4–6 EL Zitronensaft
150 g Joghurt
2 EL saure Sahne
Salz, frisch gemahlener Pfeffer

1. Die Chicoréestauden halbieren und das bittere Ende keilförmig herausschneiden. Den Chicorée in feine Streifen schneiden.

2. Das Obst schälen und würfeln. Mit den Chicoréestreifen mischen.

3. Aus den übrigen Zutaten eine Marinade rühren.

4. Den Salat mit der Marinade übergießen und kalt stellen.

Maissalat mit Bohnen und Gurken

- Zubereitungszeit: ca. 3/4 Std.
- Marinierzeit: ca. 1/2 Std.
- ca. 230 kcal je Portion
- Paßt zu Chinesischen Taschen *(Rezept S. 20)*

1 kleine Dose grüne Bohnen
1 Dose Maiskörner
250 g Tomaten
1/2 Gurke
1 Zwiebel
250 g Riesengarnelen
2 EL Weinessig
3 EL Öl
Salz, frisch gemahlener Pfeffer
gehackte Petersilie

1. Die Bohnen und den Mais in ein Sieb geben, gut abspülen und abtropfen lassen.

2. Die Tomaten kreuzweise einschneiden, mit kochendem Wasser überbrühen, enthäuten und entkernen. Das Tomatenfleisch in Streifen schneiden.

3. Die Gurke in dünne Scheiben schneiden. Die Zwiebel fein hacken und alles mit den Hummerkrabben vorsichtig mischen.

4. Aus Essig, Öl und den Gewürzen eine Marinade rühren. Gut mischen und 1/2 Stunde ziehen lassen, anschließend mit Petersilie garniert anrichten.

Tip:
Wenn erhältlich, sind frische grüne Bohnen der Dosenware vorzuziehen. Bei kleinen Bohnen genügt es, sie 5 Minuten zu blanchieren.

Mayonnaise

- Zubereitungszeit: ca. 1/4 Std.
- ca. 630 kcal je Portion
- Paßt zu Forelle im Teigmantel *(Rezept S. 40)*

2 Eigelb
1 TL Senf
Saft von 1/2 Zitrone
Salz
frisch gemahlener weißer Pfeffer
1/4 l Öl

1. Die Eigelbe mit dem Schneebesen kräftig verschlagen, Senf, Zitronensaft, Salz und Pfeffer darunterrühren.

2. Das Öl tropfenweise, dann in einem dünnen Strahl sorgfältig darunterschlagen.

3. Nach Geschmack mit Senf, Salz und Zitronensaft noch mal abschmecken. Falls die Mayonnaise zu fest ist, etwas Essig zugeben.

Tip:
Falls die Mayonnaise gerinnt, kann man sie manchmal retten, indem man teelöffelweise kochendes Wasser darunterschlägt.

Teufelssauce

- Zubereitungszeit: ca. 1/4 Std.
- ca. 130 kcal je Portion
- Paßt zu Putenschnitzel *(Rezept S. 35)*

1 Zwiebel
1 Gläschen mit Paprika gefüllte Oliven
3 EL Öl
4 EL Tomatenketchup
2 TL Weinbrand
Salz
Cayennepfeffer
1 EL gehackte Petersilie
1 EL gehackter Dill

1. Die Zwiebel fein hacken, die Oliven in feine Scheiben schneiden.

2. Das Öl mit dem Ketchup gut verrühren und die Zwiebel und die Oliven hinzufügen.

3. Mit dem Weinbrand aromatisieren und mit Salz und Pfeffer pikant abschmecken. Die Kräuter darunterrühren.

Currysauce

- Zubereitungszeit: ca. 20 Min.
- ca. 110 kcal je Portion
- Paßt zu gebackenem Thunfisch *(Rezept S. 43)*

2 große Zwiebeln
1 Knoblauchzehe
2 Lorbeerblätter
1 EL gehacktes Basilikum
2 EL Fett
200 ml milde Fleischbrühe
4 EL Curry
2 EL abgeriebene Schale einer unbehandelten Zitrone
3 EL saure Sahne
5 cl trockener Sherry

1. Die Zwiebeln und die Knoblauchzehe fein hacken, mit den Lorbeerblättern und dem Basilikum in dem Fett glasig dünsten. Mit der Brühe ablöschen.

2. Den Curry und die Zitronenschale hinzufügen und alles etwa 5 Minuten leicht köcheln lassen.

3. Die saure Sahne mit dem Sherry mischen und unter die Sauce rühren.

Béchamelsauce

- Zubereitungszeit: ca. 20 Min.
- ca. 150 kcal je Portion
- Paßt zu Zitronenzander *(Rezept S. 39)*

30 g Butter
30 g Mehl
1/4 l Fleischbrühe
1/4 l Milch
Salz, frisch gemahlener Pfeffer
Muskat

1. Die Butter in einem Topf schmelzen lassen, das Mehl darin hellgelb anschwitzen.

2. Unter ständigem Rühren die Brühe und die Milch daruntergeben, immer wieder Flüssigkeit zugeben und glattrühren.

3. Die Sauce auf kleinster Stufe etwa 10 Minuten köcheln lassen. Immer wieder umrühren. Mit Salz, Pfeffer und Muskat abschmecken.

Tip:
Sie können die Sauce auch mit einem Eigelb legieren. Die Sauce jetzt nicht mehr kochen lassen, sonst gerinnt das Eigelb.

SÜSSE LECKEREIEN

Selbst passionierten Schleckermäulern fällt in diesem Kapitel die Wahl schwer. Zum Dessert oder Nachmittagskaffee – fritierte Früchte und Ausgebackenes kommen immer an. Alles ist ohne großen Aufwand leicht zuzubereiten.

Reiskrusteln mit Weinschaumcreme

- Zubereitungszeit: ca. ³/₄ Std.
- ca. 550 kcal je Portion
- Dazu paßt ein Espresso

Für die Reiskrusteln:
100 g Rundkornreis
2 Tassen Milch
75 g Zucker
1 Päckchen Vanillezucker
2 Eigelb
Zwiebackbrösel
Zucker zum Bestreuen

Für die Weinschaumcreme:
2 Eier
50 g Zucker
2 TL Speisestärke
¹/₄ l Weißwein
etwas abgeriebene Schale einer unbehandelten Zitrone
2 EL Zitronensaft

1. Aus Reis, Milch, Zucker und Vanillezucker einen dicken Reisbrei kochen. Den Reisbrei abkühlen lassen und die Eigelbe vorsichtig darunterrühren.

2. Die Masse auf einer Platte ausstreichen und abkühlen lassen. Aus der Masse Krusteln formen, diese in den Bröseln wälzen und im 170 °C heißen Fett ausbacken, herausnehmen und auf Küchenkrepp abtropfen lassen und mit Zucker bestreuen. Warm servieren.

3. Für die Weinschaumcreme alle Zutaten in einem hohen Topf mit einem Handrührgerät bei geringer Hitze so lange rühren, bis die Masse aufquillt und dickflüssig wird. Die Sauce kann warm oder kalt zu den Reiskrusteln serviert werden.

Variation:

Servieren Sie die Reiskrusteln lauwarm mit heißer Vanillesauce. Reichen Sie dazu einen Cappuccino.

Fruchtküchle

- Zubereitungszeit: ca. 3/4 Std.
- ca. 270 kcal je Portion
- Dazu paßt heiße Vanillesauce

Für den Teig:
1/2 Rezept Bierteig (siehe Rezept Gebackene Champignons S. 16)
2 Päckchen Vanillezucker

Für Apfelküchle:
2 säuerliche Äpfel, Saft einer Zitrone
einige Tropfen Weinbrand

Für Ananasküchle:
4 Scheiben Ananas, einige Tropfen Rum

Für Bananenküchle:
2 Bananen, einige Tropfen Orangenlikör

Puderzucker, Zucker, Zimt

1. Den Bierteig nach Rezept herstellen und den Vanillezucker darunterrühren.

2. Die Äpfel schälen und in Scheiben schneiden – die Kerngehäuse ausstechen –, mit Zitronensaft und Weinbrand aromatisieren. Die Apfelscheiben durch den Teig ziehen, ausbacken und abtropfen lassen.

3. Die Ananasscheiben trockentupfen, mit Rum beträufeln, durch den Bierteig ziehen, im schwimmenden Fett goldgelb ausbacken. Abtropfen lassen.

4. Die Bananen schälen, halbieren, mit Orangenlikör beträufeln, durch den Teig ziehen und im schwimmenden Fett ausbacken. Abtropfen lassen.

5. Die Küchle mit Puderzucker bestäuben oder in Zucker und Zimt wälzen und anrichten.

Süße Birnen

- Zubereitungszeit: ca. 1/2 Std.
- ca. 410 kcal je Portion
- Dazu paßt heiße Schokoladensauce

4 große Birnen
2 EL Zitronensaft
75 g Marzipanrohmasse
1–2 EL Kirschwasser
Mehl
1 Ei
Semmelbrösel

1. Die Birnen schälen, halbieren, den Stiel dranlassen, das Kerngehäuse herausschneiden und die Früchte mit Zitronensaft beträufeln.

2. Die Marzipanrohmasse mit dem Kirschwasser verkneten und die Birnenhälften damit füllen.

3. Die Ränder mit Mehl bestäuben und die Birnen wieder zusammensetzen.

4. Die Früchte in Mehl, Ei und Semmelbröseln wenden. In 150 °C heißem Fett schwimmend etwa 6 Minuten goldgelb ausbacken.

Safranzöpfe

- Für ca. 8 Portionen
- Zubereitungszeit: ca. 1 1/4 Std.
- ca. 520 kcal je Portion
- Dazu paßt eine Tasse Cappuccino

500 g Mehl
1 Prise Salz
1 TL Safranpulver
1 Päckchen Vanillezucker
1 EL abgeriebene Schale einer unbehandelten Zitrone
einige Tropfen Rumaroma
175 ml lauwarme Milch
1 Päckchen Hefe
75 g Butter oder Margarine
2 Eier
125 g Rumrosinen
Zimt und Zucker

1. Das Mehl in eine Schüssel sieben, mit Salz, Safran, Vanillezucker und der Zitronenschale mischen.

2. Das Rumaroma in die Milch geben, die Hefe hineinbröckeln und gehen lassen. Mit den übrigen Zutaten zum Mehl geben und alles zu einem geschmeidigen Hefeteig verarbeiten.

3. Auf einer bemehlten Arbeitsfläche etwa 2 cm dick ausrollen, lange Streifen abschneiden und jeweils drei Streifen zu Zöpfen flechten.

4. Die Zöpfe im schwimmenden Fett ausbacken, auf Küchenkrepp abtropfen lassen und in Zucker und Zimt wälzen.
(auf dem Foto: links)

Einfache Zwetschgenknödel

- Für 8 Portionen
- Zubereitungszeit: ca. 3/4 Std.
- ca. 420 kcal je Portion
- Dazu paßt Vanillesauce

2 Päckchen Kartoffelteig für gekochte Klöße
3 EL Zucker
1 Päckchen Vanillezucker
8–12 mittelgroße Zwetschgen
einige Tropfen Rum
1 Prise Zimt
2 kleine Eier
1 1/2 Tassen Semmelbrösel
1 EL Zucker

1. Den Kartoffelkloßteig mit dem Zucker und dem Vanillezucker nach Packungsanweisung zubereiten.

2. Die Zwetschgen entkernen, mit Rum beträufeln und mit Zimt bestäuben.

3. Je eine Zwetschge mit Kartoffelteig umschließen, zu einer Kugel formen. Die Knödel in kochendem Salzwasser so lange garen, bis sie an der Oberfläche schwimmen.

4. Die Knödel herausnehmen, abtropfen und erkalten lassen.

5. Die Eier mit etwas Wasser verquirlen und die Knödel darin wenden. Die Semmelbrösel mit dem Zucker mischen und die Knödel damit panieren.

6. Die Zwetschgenknödel im schwimmenden Fett goldgelb ausbacken.
(auf dem Foto: vorne rechts)

Spritzkuchen

- Für ca. 8 Portionen
- Zubereitungszeit: ca. 1/2 Std.
- ca. 440 kcal je Portion
- Dazu paßt eine Tasse Kaffee mit Schlagsahne

Für den Teig:
125 g Margarine
1 Prise Salz, 1 EL Zucker
250 g Mehl
4 Eier

Für den Guß:
250 g Puderzucker
Saft von 1/2 Zitrone

1. 1/2 Liter Wasser mit Margarine, Salz und Zucker zum Kochen bringen. Das Mehl hineingeben und so lange rühren, bis sich der Teig vom Topfboden löst.

2. Den Topf vom Herd ziehen und die Eier darunterrühren. Den Teig in einen Spritzbeutel füllen.

3. Aus Pergamentpapier einige 10 cm breite Streifen schneiden. Die Streifen einfetten und kleine Teigringe darauf spritzen.

4. Die Ringe mit der Oberseite nach unten ins Fett halten, bis sich die Ringe vom Papier gelöst haben. Wenden und von beiden Seiten etwa 5 Minuten leicht braun ausbacken. Abtropfen lassen.

5. Den Puderzucker mit dem Zitronensaft und etwas Wasser verrühren und die Spritzkuchen mit dem Guß überziehen.

Butterschleifen

- Für 8 bis 10 Portionen
- Zubereitungszeit: ca. 1/2 Std.
- ca. 570 kcal je Portion
- Dazu paßt eine Tasse Schokolade

150 g Butter
150 g Zucker
3 Eier
1/2 EL Sahne
1/2 EL Rum
etwas abgeriebene Schale einer unbehandelten Zitrone
600 g Mehl
2 TL Backpulver
Puderzucker zum Bestäuben

1. Die Butter in einem Topf zerlassen. Den Zucker, die Eier, die Sahne, den Rum und die Zitronenschale dazugeben und kräftig schlagen.

2. Das Mehl mit dem Backpulver mischen und nach und nach darunterrühren. Den Teig gut durchkneten.

3. Den Teig ausrollen. Streifen von 15 cm Länge und 2 cm Breite ausschneiden. Schleifen knoten und diese in 180 °C heißem Fett etwa 4 bis 5 Minuten ausbacken. Abtropfen lassen und mit Puderzucker bestäuben.

Krapfen

- Für 8 Portionen
- Zubereitungszeit: ca. 1 1/2 Std.
- Zeit zum Gehen: ca. 1 Std.
- ca. 410 kcal je Portion
- Dazu paßt eine Tasse Cappuccino

500 g Mehl
40 g Hefe
1/8 l Milch
100 g Zucker
Salz
40 g zerlassenes Fett
abgeriebene Schale einer unbehandelten Zitrone
1 Ei (etwas Eiweiß zurücklassen)
Konfitüre zum Füllen
Zucker zum Wenden

1. Das Mehl in eine Schüssel geben und die Hefe hineinbröckeln. Mit lauwarmer Milch und etwas Zucker zu einem Vorteig verrühren und ihn 1/4 Stunde gehen lassen.

2. Den Vorteig mit dem restlichen Zucker, Salz, zerlassenem Fett, Zitronenschale und Ei zu einem geschmeidigen Teig verarbeiten. An einem warmen Ort gehen lassen, bis er sich verdoppelt hat. Eine 1/2 cm dicke Teigplatte ausrollen, mit einem Glas auf der Hälfte der Teigplatte große Plätzchen markieren.

3. Etwas Konfitüre in die Mitte der Kreise geben, die Ränder mit Eiweiß bestreichen. Die andere Hälfte der Teigplatte darüberklappen und die Plätzchen ausstechen. Die Ränder gut festdrücken.

4. Die Krapfen nochmals gehen lassen und dann in 180 °C heißem Fett etwa 4 Minuten goldbraun ausbacken. Abtropfen lassen und in Zucker wälzen.
(auf dem Foto: oben)

Doughnuts

- Für 8 bis 10 Portionen
- Zubereitungszeit: ca. 1/2 Std.
- ca. 480 kcal je Portion
- Dazu paßt Kirschkompott

60 g Butter oder Margarine
1 Prise Salz, 200 g Zucker
2 Eier, 4 EL Sahne
500 g Mehl
1 Päckchen Backpulver
1/8 l Milch
Puderzucker zum Bestäuben

1. Butter oder Margarine schaumig rühren, Salz, Zucker und Eier dazugeben und so lange weiterrühren, bis sich der Zucker gelöst hat.

2. Die Sahne hinzufügen. Mehl mit Backpulver mischen und unter die Milch rühren. Alles zu einem glatten Teig verrühren. Den Teig in einen Spritzbeutel mit großer Tülle füllen.

3. Aus Pergamentpapier einige 10 cm breite Streifen schneiden. Die Streifen fetten und kleine Teigringe darauf spritzen. Die Ringe mit der Oberseite nach unten ins Fett halten, bis sich der Teig vom Papier löst.

4. Die Doughnuts in 180 °C heißem Fett etwa 4 Minuten ausbacken. Abtropfen lassen und mit Puderzucker bestäubt servieren.
(auf dem Foto: unten)

Bananenköstlichkeit

- Zubereitungszeit: ca. 20 Min.
- ca. 410 kcal je Portion
- Dazu paßt Schokoladensauce

2 Bananen
80 g Zucker
100 g Mehl
100 g Kokosflocken
1 Päckchen Vanillezucker
1–2 EL Cointreau
etwas Backpulver
Kokosflocken zum Wälzen

1. Die Bananen schälen, mit einer Gabel zerdrücken und zusammen mit den übrigen Zutaten zu einem nicht zu festen Teig verarbeiten.

2. Mit einem Teelöffel kleine Bällchen abstechen und etwa 3 Minuten in 160 °C heißem Fett ausbacken.

3. Die Bananenbällchen abtropfen lassen und in den Kokosflocken wälzen.

Rezeptverzeichnis

Dieses Buch gehört zu einer Kochbuchreihe, die die beliebtesten Themen aus dem Bereich Essen und Trinken aufgreift. Sie erhalten die Titel überall dort, wo es Bücher gibt.

Bei diesem Buch handelt es sich um eine überarbeitete Ausgabe des bereits unter dem Titel »Fritieren« (Nr. 1350) erschienenen Buches.

Dieses Buch wurde auf chlorfrei gebleichtem und säurefreiem Papier gedruckt.

ISBN 3 8068 1982 3

Umschlaggestaltung: Peter Udo Pinzer
Gestaltungskonzeption: Christa Johanna Gramm
Redaktion dieser Auflage: Tanja Schindler
Umschlagfotos: vorne außen: **TLC-Foto-Studio GmbH,** Velen-Ramsdorf; vorne innen: **FALKEN Archiv;** hinten: **TLC-Foto-Studio GmbH,** Velen-Ramsdorf (Rezept »Gemüseplatte«, Seite 27)
Fotos: Seite 2: **TEFAL Deutschland GmbH;** Seite 4, 7, 11 oben, 17, 21 unten, 45, 56 und 59: **FALKEN Archiv;** alle anderen Fotos: **TLC-Foto-Studio GmbH,** Velen-Ramsdorf
Produktion: VerlagsService Dr. Helmut Neuberger & Karl Schaumann GmbH, Heimstetten
Satz: Fotosatz Völkl, Puchheim
Druck: Offizin Andersen Nexö, Leipzig

013500497X 817 2635 4453 6271